AF201031

Marion Jana Goeritz

Seele was denkst du dir ?

Bibliografische Information der Deutschen Nationalbibliothek:

Die Deutsche Nationalbibliothek verzeichnet diese Publikation in der Deutschen Nationalbibliografie; detaillierte bibliografische Daten sind im Internet über http://dnb.dnb.de abrufbar.

Herstellung und Verlag: BoD – Books on Demand, Norderstedt

ISBN: 978-3-7448-9937-6

Herzlich Willkommen liebe Leser,

kennen sie das auch?

Manchmal war man schon verrückt. Manchmal war man schon ent-täuscht.

Und wenn wir es wohl auch nicht glauben wollten zum Zeitpunkt des Geschehens, wir zogen unsere Schlüsse daraus, lernten und irgendwann kam eine zweite Prüfung im selben Fach.

Hier durften wir uns dann beweisen, ob wir wirklich verstanden, gelernt hatten.

Manchmal gar nicht so einfach. Doch manchmal ist eben, nicht immer.

Seele was denkst du dir? Kurios?
Sie denken vielleicht hat sie sich
vertan mit ihrem Buchtitel?

Nein, habe ich nicht! Seele was
denkst du dir? Für mich eine span-
nende Geschichte, die es so vielleicht

gar nicht geben kann!

Nun wünsche ich ihnen viel Freude
beim Lesen.

Herzlichst

Marion Jana Goeritz

Herzens rot und Seelen wild

erobertes Gefühl

erzählst schon lange mir davon

doch weiß ich

was du willst

es klingt in mir

von so weit her

Brücken führen hin

so glaubte ich sehr wohl daran

und doch dein Weg

führte nicht zu mir

Verborgen

tief in einer Seele

wohnt ein Geheimnis

so lange schon

und doch

zeigt es sich den Menschen

denen

die in sich wohnen

Manchmal

gab es Stunden

die waren wie das Dunkel der Nacht

man suchte nach dem Licht

der Hoffnung auf Morgen

manchmal

gibt es Tage

hell wie Tausend Sonnen

man fliegt durch die Zeit

und hofft dass es immer so bleibt

Erzählt

die Vergangenheit ihre Geschichten

höre sie leise Seelentief

manches Gefühl

geht auf die Reise

geht für immer

war zu Besuch

Die Zeit des Suchens

hängt in den Seilen

Finden

ist ein Wegbegleiter

Kirchturmspitze angepeilt

zieh doch friedvoll durch die Zeit

Suchtmoment Nebelschleier

Ablenkung von Schmerz

der nicht mehr erzählen möchte

das bräuchte Mut

auch Herz

doch die Nebelwolke ruhelos

ummantelt schön Gedankenlos

die mutlos stille Zeit

Suchtmomente Nebelschleier

wann geht ihr vorbei

Züge

fahren Schienen heiß

Fenster

Regentropfenmuster

Blicke

schweifen in die Ferne

schweigen

nur Abteilungsweise

mutig

jemand das Schweigen bricht

weit

die Ohren aufgestellt

Reaktionen

gibt es nicht

was für eine kalte Welt

Gedankenkette

Anhänger verschenkt

Eine Nacht

ist wie die andere

eine Frau

wie die nächste

doch

er kann nicht vergessen

schlaflos im Gedankenkarussell

die eine die er will

ist nicht nur im Kopf

sie wohnt auch im Gefühl

Wind

fegt übers Land

Regentropfen

an Fensterglas

Gedanken

finden hinaus ins Freie

Herzgefühl

erzählt ganz leise

diese Lüge

lebt nicht mehr

Es sind die Sonnentage

die seine Seele tanzen lassen

der Angst

den Boden zum Stehen nehmen

fehlten die Momente auch

manchmal das zu sagen

das sie es verstehen mag

sein Gefühl

sprach mir ihr

ohne wirklich zu wissen

was es eigentlich wollte

Im Träumen

den Fehler aufheben

alles auf Anfang

niemand sagt dir was richtig ist

keiner kann dich leben

war auch in der Vergangenheit

ein Glockenklang dunkler

klingen heute

doch beide hell

Ein Herz voller Träume

überschäumend bunt

Zufall entscheidet

Gefühlsfarbenmeer

Es sind die Geschichten

aus alten Tagen

die der Seele

noch manchmal erzählen

Tränen rinnen hinab

lassen eine Spur erkennen

dieser ich nicht mehr folgen werde

Nebelschleier weichen

klaren Gedanken

in den Gefühlen

Sonnenstrahlen

Ein Würfelspiel

in den Fängen der Nacht

Mondlicht

scheint Gesichter hell

es zählen keine Punkte

Gefühle nur

leise sprechen sie von Liebe

seine Augen

berühren sanft

ihre Seele

schlägt Alarm

der Würfel

fängt das Mondlicht ein

zwei Gewinner

heute Nacht allein

Schlaflos

im Mantel der Seele

barfuss

im Raum der Einsamkeit

völlig

im Dunkel der Nacht gefangen

doch es gibt ein Licht

das heller scheint

als die Sonne noch eben

du

Sie ertrug keine Lügen

Herzgefühl tränenschwer

fernes Land im Nirgendwo

Sonnengeflecht

auf ihrer Seele

hat sie wieder strahlen lassen

die schönsten Blumen

für sie auch im Winter

Seelenblick

traut sich nun mehr

eine Wahrheit

gibt es nur

liebt man wirklich

ist ein Kompromiss nicht schwer

Gedanken

erklingen hell

reisen mit mir durch den Tag

Gefühle

feiern das Leben

so

wie ich es mag

Fragende Gesichter
erhellen den Raum
Brücken begehbar
schöne Welt
du drehst dich
zum Frieden

über den Dächern der Stadt

schweben die Gedanken von gestern

wir sehen zu den Sternen der Nacht

sie erzählen uns leise gefühlvoll

Liebe

ist kein Zauberwort

es ist ein Gefühl

des Lebens

Ein wärmendes Herz

geht auf die Reise

an einem kalten Wintertag

es geht leise durch die Straßen

und hofft so sehr

das man es fragt

nach seinem Wohlbefinden

und wirklich

einer traut sich dann

das wärmende Herz

auch anzuschauen

es dauert gar nicht lang

da fragt er es sogar

wie kannst du bei der Kälte hier
noch so lieblich schauen

das wärmende Herz

es sagt ihm dann

ich werde immer an mich glauben

er schaut vorbei

am wärmenden Herz

und sieht

den Schnee der lautlos fällt

er schüttelt leicht sein Haar

und sagt

das es ihm so gut gefällt

und ob auch er das wohl so könne
das fragte er sogleich

das wärmende Herz sah ihn an

und meinte

natürlich kannst du das

nicht nur du

ein jeder auch

ach wie würde mich das freuen

doch glaube stets nur an das Gute

denn nur das soll wachsen hier

das andere geht von ganz allein,
weil es hier nicht leben kann

er schaut nach unten

und gesteht sich nun ein

viel zu lang war er dabei

bei all den anderen

mitgelaufen war er nur

dabei suchte er schon so lange

ein wärmendes Herz

ihm war schon bange

doch nun

steht er hier

der Schnee bedeckt

die grauen Straßen

er fühlt so langsam schon

sein kaltes Herz

ist nicht mehr so kalt

noch am gleichen Tag

ist nun ein zweites

wärmendes Herz geboren

und

an einem kalten Wintertag

gehen sie leise durch die Straßen

und hoffen sehr

das man sie fragt

Fliege

wie ein bunter Falter

öffne

deine Flügel weit

sieh

nicht immer in die Ferne

schau

doch einmal in den Spiegel

deine Augen

sprechen Seele

deine Hände

geben gern

und dein Herz

es schenkt viel Liebe

die so lang schon lebt in dir

Kleine Feendrachen
so unbeschwert seit ihr
bunte Farben tragen euch
das Ziel ist anvisiert
ihr fühlt es in der Seele
tief und wunderschön
und fliegt ihr übern Ozean
kann ich nur
ein kleines Wasser sehen
es ist nicht meine Größe
denn
groß das seit ihr auch
es ist wohl meine Weise
die Dinge so zu sehen

Mein Laub

es regnet zu deinen Füßen

leise

singt der Wind sein Lied

Schritte

auf der Wegessmitte

sie klingen leise

und rascheln so schön

die Gedanken

sie sinken zur Ruhe

schaue

in den Himmels weites Land

kleine Wolkenberge ziehen

und Schnee fällt übers Land

weiß

ist nun die Heimaterde

und Kinder

spielen Schneemann bauen

rote Nasen haben alle

die sich in das Kalte trauen

weiße Bällchen

fliegen lautlos

durch des Winters kalte Zeit

freudestrahlend Kinderaugen

und ein jedes liebes Wort

hallt in allen Herzen wider

und lebt ihn ihnen fort

Weiß

ist die Tür die da fiel ins Schloss

laut

der Ton des Schließens

leise

bleibt einer im Raum zurück

der andere

ist leise da draußen

keiner

von ihnen trägt die Schuld

beide

tragen Liebe

und ist im Raum das Licht erlischt

beide

schauen zu den Sternen

Ein schöner Moment

der Augenblick

der Frieden

in sich birgt

ein schöner Moment

der ewig hält

ist mehr

als man glauben mag

ist mehr

als man jemals fassen könnte

mehr

als mein Herz je sprach

ein schöner Moment

der Augenblick

er hält schon viele Jahre

und manchmal

wenn es leise ist

im Trubel der fröhlichen Zeiten

da fühle ich ihn besonders stark

den Glauben

an uns beide

was für ein schöner Moment

nicht nur

für einen Augenblick

Wenn Worte erzählen

schweben sie hin

lassen euch sehen

was ihr erkennt

machen mit euch

das ein oder andere

fallen in euch

oder schweben fort

wenn Worte erzählen

ist es Leben

es ist ein Impuls

von hier nach dort

sie füllen Herzen

schenken Vertrauen

manches Mal

finden sie auch zurück

So ging ich Straßen endlos lang

Schienen

kreuzten meinen Weg

meine Schritte

lautlos still

an so manchem lauten Tag

Fragen

fühlten keine Antwort

denn ich schwieg so vor mich hin

meine Seele

suchte Hoffnung

wandte sich zum Himmelszelt

keine Antwort

viel zu leise

doch auf einmal fühlte ich

es zieht mich nicht zu meiner Reise

es zieht mich bis auf meinen Grund

Seelenwissen

nur verschüttet

neu belebt

es widerhallt

und so ging ich durch die Straßen
gar nicht mehr so endlos lang

mein Gefühl

es sprach nun wieder

meine Schritte

hörbar laut

führten mich zu meiner Seele

die Zeit war da

es anzugehen

Auch

wenn man innehält

kann man vorwärts gehen

auch

wenn man schweigt

erzählt man viel

doch

wenn man einander liebt

ist man zusammen

nicht nur im Gefühl

Fragen

sind Worte aneinander gereiht

doch fallen sie sanft in die Seele

bleiben sie haften

sie leben weiter als Gefühl

so lange bis man eine Antwort

gefunden hat

heute

in einem Monat

nächstes Jahr

irgendwann

doch bleibt die Antwort aus

die Fragen

sie schlafen nur

Sternenklare Nacht

legt sich über die Dächer der Stadt

Lichter

leuchten Häuser hell

Reklame

stört das Gefühl

Kälte

längst verbannt

das Herz

in Liebe

es sucht nicht mehr

doch manchmal

ringt es noch mit der Angst

ist die Nacht vorbei

fühlt es den Halt

und öffnet sich

für das Leben für Zwei

Hoffnung
kann belohnen

Nachtträumer

am Morgen

schweben sie zum Himmel

auf Wolkenbergen

ziehen sie davon

über Grenzen weit

ins eigene Land

Des Nachts

eine weiße Gondel

sie fährt die Liebenden

im hellen Mondenschein

zwei begrüßen

den Morgen gemeinsam

schauen zur Sonne

am Horizont

wenn

ihre ersten Sonnenstrahlen

das Wasser sanft berühren

erzählen sie nicht von Gestern

sie blicken ins Heute

und träumen vom Morgen

die weiße Gondel

sie wartet am Ufer

bis der helle Mondenschein

sein Licht

wieder zwei Gesichtern schenkt

und sie zum Morgen bringt

Die Liebe

sie singt in der Seele

ein uraltes Lied

sie strahlt durch die Zeit

und hält dein Herz

in ihren Händen

sie wagt so viel

doch niemals zweifelt sie

wo sie wohnt

ist der Tag heller als alle Sonnen

und die Nacht

ist warm

selbst im kältesten Winter

die Liebe

ist so viel

das keine Angst überlebt

doch alle Sterne leuchten

auch am Tag darfst du sie fühlen

die Liebe

sie singt in der Seele

ein uraltes Lied

Es sind die leisen Gedanken

die aus der Ferne winken

sie ziehen mit den Wolken

über das Land

manchmal

finden sie ein zu Haus

im Nirgendwo

und mancher wundert sich

was er so fühlt

Manchmal

ist das Wunder

ein neuer Tag

den man begrüßen darf

manchmal

ist es die Nacht

mit einem hellen Sternenzelt

manchmal

ist das Wunder

ein Baum

an dessen Rinde

man ausruhen darf

manchmal

ist es ein Lachen

an einem trüben Tag

manchmal

ist das Wunder

ein Schiff auf dem Wasser

dem man seine Gedanken

mit auf die Reise geben kann

manchmal

ist es ein Vogel

der fröhlich sein Liedchen singt

manchmal

ist das Wunder

die Hand eines anderen

die einen hält

manchmal

ist es eine liebe Umarmung

manchmal

ist das Wunder

ein Mensch

der in das Leben kommt

und so manches

auf den Kopf stellt

damit es sich richtig ordnen kann

manchmal

ist es ein Ausruhen

ein Innehalten dürfen

manchmal

ist das Wunder

eine kühle Brise am Meer

die einen manches

vergessen lassen kann

manchmal

ist es der Regen

nach einem langen Sommer

manchmal

ist das Wunder

ein schöner Traum

der in Erfüllung geht

manchmal

ist es ein liebes Wort

doch das Größte

aller Wunder ist

wohl die LIEBE

In dunkler Nacht

wird geboren ein Licht

es erhellt das leise Gefühl

das in der Seele wohnt

leuchtet

ihm den Weg zum Herzen

Friede

kehrt ein

Seelenheil

Im Nirgendwo

ein Bild aus alten Tagen

nicht bunt

nur schwarz weiß

manches

ist noch immer in der Seele

es wohnt dort seit Kindheitstagen

der Schmerz ist tot

die Liebe lebt

das Bild es lebt im Nirgendwo

mancher kennt es

es ist ein Gefühl und es ist wahr

es war

es ist nicht mehr

man weiß es

und die Erinnerung vergilbt

im Heute

ein Bild aus schönen Tagen

es lebt immer noch

Gedanken

bunte Reigen spielen Kreise

Gefühle

erzählen Geschichten leise

Herz

schaut mit großen Augen

Seele

fühlt den Seelenschimmer

der da glänzt im Seelenzimmer

Mensch

was möchtest du denn noch

die Liebe

ist ein Wunder

Es sind die leisen Worte der Seele

sie singen uns ins Gefühl

es ist unsere eigene Geschichte

die wir manchmal nicht verstehen

wir denken an so manches

schlafen des Nachts nicht ein

und doch ist es an uns

es zu ändern

mit Mut zum Gefühl

schaffen wir es wirklich allein

Male ich bunte Träume

glaube ich an sie

sie leuchten Gedanken hell

manchmal

male ich sie auf Papier

bunte Farben

erzählen mir

von meiner Seele

und ist ein Traum dabei

der sich nicht wandelt in Liebe

fließen die Tränen weit ins Land

doch neue Träume leuchten wieder
dunkle Gedanken hell

Die bunten Farben einer Stadt

sie leuchten weit hinaus

der Weg ist hell

und bis zum Meer

führt er geradeaus

des Meeres Brandung

sie kommt an

erzählt

von weiter Ferne

von Schiffen

die vorüber fahren

in alle Hergottsländer

die Wellen

sie schaukeln mal laut

mal leise

und plötzlich

beginnt dann eine Reise

Gedanken spinnen Seemannsgarn

Klabauter ist ein Wicht

und leise öffnet sich das Gefühl

es wird leichter

wenn man darüber spricht

wenn lautlos

der Schnee zu Boden fällt

der Wind

sich noch dazu gesellt

der Häuser Türen sich verschließen

an den Scheiben

Blumen sprießen

dann ist es an der Zeit

für eine Tasse

Gemütlichkeit

Es sind die reichen Stunden

des Lebens

die mit Liebe

erfüllten Augenblicke

es sind die Momente

die die Seele fühlen lassen

nichts ist vergleichbar

das Herz

es öffnet seine Pforte weit

Augen

glitzern in die Nacht

der Tag

ist eine gelbe Sonne

und der Abend

malt sie rot

es sind die reichen Stunden

des Lebens

gemessen an einem Gefühl

LIEBE

Manchmal

fühlt sie

die Zeit sie vergeht einfach nicht

fühlt

ihre kleine Welt

wird dennoch größer

es gibt Zeiten

da scheint in ihrem Leben

die Sonne ununterbrochen

manchmal

gab es Zeiten in ihrem Leben

da sah niemand ihre Tränen

auch nicht im Regen

es gab Menschen in ihrem Leben

sie meinten

"Du bist doch stark,

du schaffst das."

ihre Worte

hallten in ihr wider

und sie schaffte es

manchmal

fragte sie sich

"Warum warst du geblieben,

warum warst du gegangen"

Seelentief

war ihre Antwort

ihre Gefühle führten sie

manchmal

fühlt sie

die Zeit sie vergeht viel zu schnell

fühlt

ihre Welt mag klein sein

aber liebenswert

es gibt Zeiten

da scheint in ihrem Leben
die Sonne ununterbrochen
manchmal
gab es Zeiten in ihrem Leben
da hoffte sie
sie mögen nie wieder kommen
manchmal
gab es Zeiten in ihrem Leben
da sah jemand ihre Tränen
auch im Regen
es gibt einen Menschen noch
in ihrem Leben
der sie liebt so wie sie fühlt
manchmal
fühlt sie Angst ihn zu verlieren
doch fühlt sie tief in sich hinein
fühlt sie Stärke und auch Kraft

sie fühlt
ein Bild in ihrer Seele
dass Sonnenliebe heißt

Wieder

saß ich in meinem Gedankenkreis

sie erzählten mir von dir

oft bin ich dann haltlos lose

sehr selten einfach nur still

ich saß

in meinem Gedankenkreis

sie erzählten mir von dir

manchmal

fühlte ich mich dann selber

und dann wieder

fühlte ich mich zu dir

ich kannte

meine Gedankenkreise

sie erzählten so lang schon davon

manchmal

machten sie mich einfach nur müde

manchmal

preschten sie zu weit nach vorn

mein Kind

erzählte einige Geschichten

von einem Jungen

der noch nie geliebt

ich wollte

es nicht erst gar nicht glauben

doch sah in ihrem Blick

ihre Worte waren wahr

sie schmiegte sich

ganz lieb an mich

ich streichelte ihr Haar

und auf einmal sagte sie

du bist wunderbar

Aus der Asche stieg ich empor

breitete meine Flügel

und sie trugen mich davon

in diesem Augenblick

empfand ich ein Gefühl

das neu in mir emporstieg

ich nannte es Vertrauen

so flog ich in mein neues

und doch altes Leben

als meine Flügel sich anlegten

empfand ich ein Gefühl in mir

das ich schon kannte

ich nannte es Angst

mit einem Auge

sah ich ihr entgegen

als ich diesen Mut aufbrachte

tat sich auch

mein zweites Auge auf

und

aus dem Gefühl der Angst

wurde Vertrauen

Wenn das Laute

ganz leise wird

die Stille laut

aus vielen Gedanken

ein Schatten fällt

den man

verliert im Gehen

die Seele sich rekelt

im lautlosen Schreiten

Gefühle sich einstellen

die vorher verborgen

wird es anders sein

als zuvor

es ist ein Befreiungsschlag

aus alten Leiden

ein Willkommen sein

im eigenen Leben

75

Das Neue

erstrahlt in einem lieblichen Ton

unter all den verblichenen Farben

es strahlt und lacht

lässt ein Gefühl emporsteigen

das Mut heißt

und erblüht in alten Mauern

die gestern noch zu hoch erschienen

doch heute nun gebrochen sind

Weit ins Land

wandern meine Augen

mein Herz

es folgt dem Seelenblick

das Grün

ein Augenschmaus im Wachsen

mein Atem

fließt ruhig hinaus

ein frischer Atemzug

hält Einzug

er weht die alteingesessenen Gefühle

die überhaupt nicht mehr

bedeutsam sind

hinaus

Leichtigkeit

Lange

fühlte ich deine Stille

dein Schatten

wohnte in meiner Seele

das Licht

es drang nicht

auf den Grund des Meeres

doch

als ich mich allein

auf dem Meeresboden fand

gab es nur noch eine Richtung

meine Blicke

zogen mich nach oben

die Wellen

sie umspülten meine Haut

die Sonne

wärmte meine Seele

wo warst du

als ich dich brauchte

warum

hattest du zu gelassen

das ich dieses Gefühl erfahren habe

meine Seele

flüstert mir zu

es muss jeder allein schaffen

aus dem Dunkel hervor zutreten

du

auch ich

und wenn ich mich frage

warum

kommen Gedanken

und fallen sacht ins Herz

es geht um die Liebe

die Liebe

uns selbst gegenüber

liebst du dich

so wie ich mich liebe

dann haben wir beide es geschafft

der Welt ein Stück Frieden

zu schenken

Du fliegst schon

so lange mit den Engeln

manchmal

besuchst du mich noch

in meinen Träumen

dann halten wir uns ganz fest

mir kommt es dann so vor

als wenn ich dein Herz noch fühle

deine Liebe

dein Lachen

und wenn ich

am frühen morgen aufwache

fühle ich

du warst da

und der erste Sonnenstrahl

sendet noch einmal

einen Gruß

von dir

zu mir

Opa

du warst wunderbar

Irgendwo

im Himmelszelt

spielen manche Seelen

ihr Lied

manchmal

wenn ich traurig bin

lausche ich der Musik

leise

klingt sie in meinem Ohr

frage ich mich

was mich so traurig macht

fühle ich die Antwort in mir

schöpfe Kraft

und Mut wächst in mir im Nu

was heute noch nicht gut

wird morgen

eine schöne Blume sein

Manchmal

erzählte mir ein Gefühl

von Liebe

manchmal

erzählte mir ein Gefühl

von Macht

manchmal

erzählte mir ein Gefühl

von Angst

manchmal

erzählte mir ein Gefühl

von Kummer

manchmal

fühlte ich

wie du diese Bilder

ein uraltes Lied

aus längst vergangenen Tagen

an Tagen

wie gestern hörte ich es klingen

doch etwas war anders

meine Seele

sah Grün

Freundliche Gesichter

sie kommen mir entgegen

lachende Stimmen

erzählen so viel

Hände

berühren unzählige Male

Seelen

erwachten

es gibt ein Ziel

im Gehen

auch denken

im Schreiten

verstehen

Berührungen

verschenken

ist dass das Ziel

fühlen

tief in der Seele

ihre Mitte

nicht mehr ver-rückt

dem Leben

auch erlauben

vor Liebe

entzückt

freundliche Gesichter

sie kommen

dir entgegen

lachende Stimmen

erzählen so viel

deine Hände

berührten zu viele Male

die letzte Berührung

war eine zu viel

Ziel

Bin ich gestorben

ich bin gestorben

mein Ich

ist begraben

kalte Tage

zählen nicht mehr

bin ich geboren

ich bin geboren

meine Seele

lebt nun

die schönen Tage

werden nun mehr

bin ich am Leben

ich bin am Leben

ich liebe das Leben

so ist es gut

bist du gestorben

bist du geboren
bist am Leben
ich weiß es nicht mehr

Friedlich

diese Stille

mein Atem

fließt ganz ruhig

ich schaue auf die Welt

wo gestern noch Raketenlärm

blüht eine Blume rosa rot

Wellen

tanzen sich zum Strand

Schiffe

fahren übers Meer

Frauen

die gestern noch so weinten

haben keine Tränen mehr

die Kriege sind verbrannt

Soldaten sind heute

spielende Väter

Drachen fliegen weit

wo früher

war ein Schützengraben

ist heute

Hoffnungszeit

Luftballons

sie fliegen hoch

rot und grün und gelb

und daran eine Nachricht hängt

wir wünschen uns

das es so bleibt

Manchmal

möchte ich so gern

hinter die Welt blicken

die Sterne

die im Verborgenen liegen

finden

und ihr Licht

belohnt die Welt bei Nacht

manchmal

möchte ich so gern

zum Mond und einen Blick

auf die Welt geben

und fühlen dürfen

alles ist wahr

sehen dürfen

wie die Engel fliegen

manchmal

möchte ich einmal mehr

ein Kind der Sonne sein

mein Lachen

behalten auch

in schwierigen Stunden

und das Gefühl verspüren

morgen

ist wieder ein Sonnentag

manchmal

möchte ich gern

mit mir allein sein

um zu fühlen

was wichtig ist

und meinem Gefühl nachspüren

manchmal

möchte ich mehr

als ich verstehe

möchte mehr

als ich fühlen kann

manchmal

bin ich,

ich

und ich weiß

das ich gut bin

wie ich bin

und dieses Gefühl

ist in vielen Jahren gewachsen

und manchmal

bin ich ein Gefühl

das man nicht einfangen kann

doch man darf es bewegen

und einladen

zu verstehen

Mein Ding

ist ganz einfach

kompromisslos

das geht nach vorn

und halte ich mal inne

dann um zu schauen

was noch so geht

dann aber

gibt es noch unser Ding

du weißt schon

das mit den Kompromissen

du plädierst

für blau

ich für rot

am Ende

lieben wir beide das Grün

was sagt uns das

ganz einfach

es tat nicht weh

es hat gut getan

für das UNS

Nebelschwaden

ziehen übers Land

weiße Baumwipfel

strecken sich weit hinauf

zum Himmelszelt

der erste Sonnenstrahl

tanzt auf weißen Spitzen

und lässt

das Grün der Hoffnung funkeln

was gestern noch gefroren war

wird heute noch im Fluss sein

das Weiß der Landschaft

es wird weichen

Sonnenglanz

über dem Land

sie werden wärmend sein

seine Gedanken

Und wenn die Welt

nur Liebe trinkt

Tränen

spinnen Perlen

der Sonnenglanz

vom Himmel singt

in LIEBE sein

ist ALLES

Gefühle schenken

Zuversicht

gereiht an eine Kette

Perlen

scheinen samtig hell

wie das Licht sie findet

trägst du sie im Morgenlicht

im Wald

der Nebelbänke

ruhen sie auf deiner Haut

Erinnerungsgeschenke

doch im Farbenspiel

des Abends

vielleicht im Kerzenschein

Zaubermelodie

berührt die Herzen

was für ein Lichterspiel

und wenn die Welt

nur Liebe trinkt

erzählt sie in Perlenfarben

in matt und hell

in rosa weiß

und manche Augen sagen

die Nebelbank vom Morgengrau

ist einer der besonderen Tage

und wenn mein Herz

in Liebe ist

ist es wegen deinem

Das Spiel der Liebe

Zuckersüß

und manchmal bitter

wild romantisch

Feuerwasser

doch im Grunde

Herzenssache

Seelenfinden

feine Farben

tummeln sich

im Sonnengraben

rekeln sich

im Abendlicht

meine Seele

von Liebe spricht

Wenn leise

die Sonne den Schnee berührte

und er

wie tausend Diamanten strahlte

mein Herz sich schwer anfühlte

weil meine Seele

sich nach der deinen sehnte

lautlos

eine Träne rann

war die Zeit vergangen

in der wir uns verbargen

vor uns selbst

ein WUNDER

war geboren

Tausend Sterne

strahlen weit

Laternen

leuchten in die Zeit

Schaufenster

heller Schein

Taschenlampe

viel zu klein

doch deine Seele

ist sie groß

ihr Liebeslicht

findet Glück

und die Sterne

erzählen dann davon

von einem Mann der leuchten wollt

Die Zauberin

in dir ist längst erwacht

sie schenkt Liebe

und auch Kraft

sie sendet

ihre Boten aus

ihre Welt

ist so groß

manchmal

ist sie bunt und wild

ein anderes Mal

ist sie ganz still

am Morgen schon

singt sie ihr Lied

sie zeigt sich offen

ohne Kleid

wie Blätter

tanzen im leichten Wind

so bewegt sich auch die Zauberin

entzünden

die Sterne am Himmelszelt

ihr Licht

die Zauberin

schaut glücklich hin

zum Abendlicht

Gedanken

fallen sacht zu Boden

versinken

leicht in diesem Ort

Gefühle

schenken Himmelswesen

für deine liebe Zauberin

Von Marion Jana Goeritz ebenfalls beim Verlag
BoD erschienen (BoD Books on Demand, Nor-
derstedt, nähere Informationen finden Sie unter
www.BoD.de)

„Liebe für die Seele Band 1"
ISBN 978-3-7357-4045-8

„Liebe für die Seele Band 2"
ISBN 978-3-7357-7734-8

„Seelenweiß"
ISBN 978-3-7347-5769-3

„Seelen essen Liebe gern"
ISBN 978-3-7347-8706-5

„SeelenEngel" ein spiritueller Erfahrungsbericht
ISBN 978-3-7386-2588-2

„SeelenSchlüssel"
ISBH 978-3-7386-3844-8

„Seelenfarben"
ISBN 978-3-7386-3947-6

„Seelenschimmer"
ISBN 978-3-7386-4014-4

„Seelenfinden"
ISBN 978-3-7386-4037-3

„Ein Gefühl meiner Seele"
ISBN 978-3-7386-1506-7

„Seelenfrieden" Danken, Bitten, Entspannung
ein persönlicher Erfahrungsbericht
ISBN: 978-3-7386-4884-3

„Seelenweihnacht"
ISBN: 978-3-7386-5616-9

„Im Land unter dem Regenbogen" Wunderbare
Märchen und unglaubliche Geschichten
ISBN: 978-3-7392-0115-3

„Freddy und seine Geschichten"
ISBN: 978-3-7386-3321-4

„SeelenWorte"
ISBN: 978-3-7392-0455-0

„Herzanker"
ISBN: 978-3-7392-3482-3

„Im Fluss der Liebe"
ISBN: 978-3-7392-3489-2

„Seelenklänge"
ISBN: 978-3-7392-3532-5

„Liebeslied"
ISBN: 978-3-7392-3548-6

„Wahre Traumtänzerin"
ISBN: 978-3-7392-3556-1

„Emilia Sommerfeld"
ISBN: 978-3-7392-3787-9

„Für mich war es Liebe"
ISBN: 978-3-8423-5362-6

„Kaleidoskop"
ISBN: 978-3-8423-5738-9

„Die verzauberte Wiese"
ISBN: 978-3-7412-0772-3

„Seelenbrücke"
ISBN: 978-3-7412-0890-4

„Wetterleuchten"
ISBN: 978-3-7412-2740-0

„Zentrifuge"
ISBN: 978-3-7412-4011-9

„Für Dich"
ISBN: 978-3-7412-4018-8

„Hannos Geschichten"
ISBN: 978-3-7412-9373-3

„Das Eulenherz"
ISBN: 978-3-7431-0009-1

„Eine Reise irgendwo hin"
ISBH: 978-3-7421-0042-8

„Ist das wirklich wahr?"
ISBN: 978-3-7431-1549-1

„Stille Momente"
ISBN: 978-3-7431-1586-6

„Engelszwirn"
ISBN: 978-3-7431-1594-1

„Anders"
ISBN: 978-3-7448-3582-4

„Wenn es spricht"
ISBN: 978-3-7448-3583-1

„Jonas und die Himmelsleiter"
ISBN: 978-3-7448-5452-8

„Farbenregen"
ISBN: 978-3-7448-5453-5

„Wellenfarbe"
ISBN: 978-3-7448-7311-6

Blanchefleur
ISBN: 978-3-7448-7415-1

„Winterzauber"
ISBN: 978-3-7448-9885-0

Weitere Informationen zu Neuerscheinungen
finden Sie immer auf meiner Seite

www.buchkaleidoskop.Reikipraxis-Goeritz.de